My daily companion

Gratitude Journal

for kids

Kids Gratitude Journal
119 numbered pages - 120 total pages
A5 (5.83 x 8.27)

Design © 2020 Blank Classics

Mailing address:
Blank Classic
PO BOX 4608
Main Station Terminal
349 West Georgia Street
Vancouver, BC
Canada, V6B 4A1

Cover design by: A.R. Roumanis

ISBN: 978-1-77437-228-9

FIRST EDITION / FIRST PRINTING

ALL ABOUT ME

MY NAME IS

____

MY BIRTHDAY IS

I AM ( ) YEARS OLD

MY FAVORITE:

ANIMAL _____________   FOOD _____________

COLOR _____________   BOOK _____________

SPORT _____________   PLACE _____________

MY FAMILY

WHEN I GROW UP
I WANT TO BE:

DATE: S M T W TH F S __/__/__

TODAY I AM GRATEFUL FOR

I FEEL

THE BEST PART OF MY DAY WAS

THIS PERSON BROUGHT ME JOY TODAY:

DATE: S M T W TH F S __ / __ / __

TODAY I AM GRATEFUL FOR

____

____

____

I FEEL

THE BEST PART OF MY DAY WAS

____

____

____

____

____

____

____

____

THIS PERSON BROUGHT ME JOY TODAY:

____

DRAW ABOUT IT

DATE: S M T W TH F S __ / __ /__

TODAY I AM GRATEFUL FOR

I FEEL

THE BEST PART OF MY DAY WAS

THIS PERSON BROUGHT ME JOY TODAY:

DRAW ABOUT IT

DATE: S M T W TH F S __ / __ / __

TODAY I AM GRATEFUL FOR

I FEEL

THE BEST PART OF MY DAY WAS

THIS PERSON BROUGHT ME JOY TODAY:

DRAW ABOUT IT

DATE: S M T W TH F S   __ / __ / __

TODAY I AM GRATEFUL FOR

I FEEL

THE BEST PART OF MY DAY WAS

THIS PERSON BROUGHT ME JOY TODAY:

DRAW ABOUT IT

DATE: S M T W TH F S __ / __ / __

TODAY I AM GRATEFUL FOR

I FEEL

THE BEST PART OF MY DAY WAS

THIS PERSON BROUGHT ME JOY TODAY:

DRAW ABOUT IT

DATE: S M T W TH F S __ / __ / __

TODAY I AM GRATEFUL FOR

I FEEL

THE BEST PART OF MY DAY WAS

THIS PERSON BROUGHT ME JOY TODAY:

DRAW ABOUT IT

DATE: S   M   T   W   TH   F   S   __ / __ / __

TODAY I AM GRATEFUL FOR

____

____

____

I FEEL

THE BEST PART OF MY DAY WAS

____

____

____

____

____

____

____

____

THIS PERSON BROUGHT ME JOY TODAY:

____

DRAW ABOUT IT

DATE: S M T W TH F S ___ / ___ / ___

TODAY I AM GRATEFUL FOR

I FEEL

THE BEST PART OF MY DAY WAS

THIS PERSON BROUGHT ME JOY TODAY:

DRAW ABOUT IT
DRAW ABOUT IT

DATE: S M T W TH F S __ / __ / __

TODAY I AM GRATEFUL FOR

____

____

____

I FEEL

THE BEST PART OF MY DAY WAS

____

____

____

____

____

____

____

____

THIS PERSON BROUGHT ME JOY TODAY:

____

DRAW ABOUT IT

DATE: S M T W TH F S   __ / __ / __

TODAY I AM GRATEFUL FOR

____
____
____

I FEEL

THE BEST PART OF MY DAY WAS

____
____
____
____
____
____
____
____
____
____
____

THIS PERSON BROUGHT ME JOY TODAY:

____

DRAW ABOUT IT

DATE: S M T W TH F S __/__/__

TODAY I AM GRATEFUL FOR

I FEEL

THE BEST PART OF MY DAY WAS

THIS PERSON BROUGHT ME JOY TODAY:

DRAW ABOUT IT

DATE: S   M   T   W   TH   F   S   __ / __ / __

TODAY I AM GRATEFUL FOR

____

____

____

I FEEL

THE BEST PART OF MY DAY WAS

THIS PERSON BROUGHT ME JOY TODAY:

DRAW ABOUT IT

DATE: S M T W TH F S   __ / __ / __

TODAY I AM GRATEFUL FOR

I FEEL

THE BEST PART OF MY DAY WAS

THIS PERSON BROUGHT ME JOY TODAY:

DRAW ABOUT IT

DATE: S M T W TH F S ___/___/___

TODAY I AM GRATEFUL FOR

I FEEL

THE BEST PART OF MY DAY WAS

THIS PERSON BROUGHT ME JOY TODAY:

DRAW ABOUT IT

DATE: S M T W TH F S __ / __ / __

TODAY I AM GRATEFUL FOR

____

____

____

I FEEL

THE BEST PART OF MY DAY WAS

____

____

____

____

____

____

____

____

____

THIS PERSON BROUGHT ME JOY TODAY:

____

DRAW ABOUT IT

DATE: S M T W TH F S __ / __ / __

TODAY I AM GRATEFUL FOR

I FEEL

THE BEST PART OF MY DAY WAS

THIS PERSON BROUGHT ME JOY TODAY:

DRAW ABOUT IT

DATE: S M T W TH F S __/__/__

TODAY I AM GRATEFUL FOR

____
____
____

I FEEL

THE BEST PART OF MY DAY WAS

____
____
____
____
____
____
____
____

THIS PERSON BROUGHT ME JOY TODAY:

____

DRAW ABOUT IT

DATE: S M T W TH F S   __ / __ /__

TODAY I AM GRATEFUL FOR

____

____

____

I FEEL

THE BEST PART OF MY DAY WAS

____

____

____

____

____

____

____

____

THIS PERSON BROUGHT ME JOY TODAY:

____

DRAW ABOUT IT

DATE: S M T W TH F S __ / __ / __

TODAY I AM GRATEFUL FOR

____

____

____

I FEEL

THE BEST PART OF MY DAY WAS

____

____

____

____

____

____

____

THIS PERSON BROUGHT ME JOY TODAY:

____

DRAW ABOUT IT

DATE: S M T W TH F S __ / __ / __

TODAY I AM GRATEFUL FOR

I FEEL

THE BEST PART OF MY DAY WAS

THIS PERSON BROUGHT ME JOY TODAY:

DRAW ABOUT IT

DATE: S M T W TH F S __ / __ / __

TODAY I AM GRATEFUL FOR

____

____

____

I FEEL

THE BEST PART OF MY DAY WAS

____

____

____

____

____

____

____

____

____

THIS PERSON BROUGHT ME JOY TODAY:

____

DRAW ABOUT IT

DATE: S M T W TH F S   __ / __ / __

TODAY I AM GRATEFUL FOR

I FEEL

THE BEST PART OF MY DAY WAS

THIS PERSON BROUGHT ME JOY TODAY:

DRAW ABOUT IT

DATE: S M T W TH F S   __ / __ / __

TODAY I AM GRATEFUL FOR

____

____

____

I FEEL

THE BEST PART OF MY DAY WAS

____

____

____

____

____

____

____

____

THIS PERSON BROUGHT ME JOY TODAY:

____

DRAW ABOUT IT

DATE: S M T W TH F S   __ / __ / __

TODAY I AM GRATEFUL FOR

I FEEL

THE BEST PART OF MY DAY WAS

THIS PERSON BROUGHT ME JOY TODAY:

DRAW ABOUT IT

DATE: S M T W TH F S __ / __ / __

TODAY I AM GRATEFUL FOR

I FEEL

THE BEST PART OF MY DAY WAS

THIS PERSON BROUGHT ME JOY TODAY:

DRAW ABOUT IT

DATE: S M T W TH F S __ / __ / __

TODAY I AM GRATEFUL FOR

I FEEL

THE BEST PART OF MY DAY WAS

THIS PERSON BROUGHT ME JOY TODAY:

DRAW ABOUT IT

DATE: S M T W TH F S ___ / ___ /___

TODAY I AM GRATEFUL FOR

I FEEL

THE BEST PART OF MY DAY WAS

THIS PERSON BROUGHT ME JOY TODAY:

DRAW ABOUT IT

TODAY I AM GRATEFUL FOR

____

____

____

I FEEL

THE BEST PART OF MY DAY WAS

____

____

____

____

____

____

____

____

____

THIS PERSON BROUGHT ME JOY TODAY:

____

DRAW ABOUT IT

DATE: S M T W TH F S __ / __ / __

TODAY I AM GRATEFUL FOR

____

____

____

I FEEL

THE BEST PART OF MY DAY WAS

____

____

____

____

____

____

____

____

THIS PERSON BROUGHT ME JOY TODAY:

____

DRAW ABOUT IT

DATE: S M T W TH F S __ / __ / __

TODAY I AM GRATEFUL FOR

I FEEL

THE BEST PART OF MY DAY WAS

THIS PERSON BROUGHT ME JOY TODAY:

DRAW ABOUT IT

TODAY I AM GRATEFUL FOR

____

____

____

I FEEL

THE BEST PART OF MY DAY WAS

____

____

____

____

____

____

____

____

THIS PERSON BROUGHT ME JOY TODAY:

____

DRAW ABOUT IT

DATE: S M T W TH F S __ / __ / __

TODAY I AM GRATEFUL FOR

____

____

____

I FEEL

THE BEST PART OF MY DAY WAS

THIS PERSON BROUGHT ME JOY TODAY:

DRAW ABOUT IT

DATE: S M T W TH F S   __ / __ / __

TODAY I AM GRATEFUL FOR

I FEEL

THE BEST PART OF MY DAY WAS

THIS PERSON BROUGHT ME JOY TODAY:

DRAW ABOUT IT

DATE: S M T W TH F S __ / __ / __

TODAY I AM GRATEFUL FOR

____

____

____

I FEEL

THE BEST PART OF MY DAY WAS

____

____

____

____

____

____

____

____

____

THIS PERSON BROUGHT ME JOY TODAY:

____

DRAW ABOUT IT

DATE: S M T W TH F S   __ / __ / __

TODAY I AM GRATEFUL FOR

I FEEL

THE BEST PART OF MY DAY WAS

THIS PERSON BROUGHT ME JOY TODAY:

DRAW ABOUT IT
DRAW ABOUT IT

DATE: S M T W TH F S __ / __ / __

TODAY I AM GRATEFUL FOR

I FEEL

THE BEST PART OF MY DAY WAS

THIS PERSON BROUGHT ME JOY TODAY:

DRAW ABOUT IT

DATE: S M T W TH F S   __ / __ / __

TODAY I AM GRATEFUL FOR

____

____

____

I FEEL

THE BEST PART OF MY DAY WAS

____

____

____

____

____

____

____

____

____

THIS PERSON BROUGHT ME JOY TODAY:

____

DRAW ABOUT IT

DATE: S M T W TH F S   __ / __ /__

TODAY I AM GRATEFUL FOR

____

____

____

I FEEL

THE BEST PART OF MY DAY WAS

____

____

____

____

____

____

____

____

THIS PERSON BROUGHT ME JOY TODAY:

____

DATE: S M T W TH F S __ / __ / __

TODAY I AM GRATEFUL FOR

I FEEL

THE BEST PART OF MY DAY WAS

THIS PERSON BROUGHT ME JOY TODAY:

DRAW ABOUT IT

DATE: S M T W TH F S __/__/__

TODAY I AM GRATEFUL FOR

I FEEL

THE BEST PART OF MY DAY WAS

THIS PERSON BROUGHT ME JOY TODAY:

DRAW ABOUT IT

DATE: S M T W TH F S ___ / ___ / ___

TODAY I AM GRATEFUL FOR

____

____

____

I FEEL

THE BEST PART OF MY DAY WAS

____

____

____

____

____

____

____

____

____

THIS PERSON BROUGHT ME JOY TODAY:

____

DRAW ABOUT IT

DATE: S M T W TH F S __ / __ /__

TODAY I AM GRATEFUL FOR

____

____

____

I FEEL

THE BEST PART OF MY DAY WAS

____

____

____

____

____

____

____

____

____

THIS PERSON BROUGHT ME JOY TODAY:

____

DRAW ABOUT IT

DATE: S   M   T   W   TH   F   S   __ / __ /__

TODAY I AM GRATEFUL FOR

I FEEL

THE BEST PART OF MY DAY WAS

THIS PERSON BROUGHT ME JOY TODAY:

DATE: S M T W TH F S   __ / __ / __

TODAY I AM GRATEFUL FOR

____

____

____

I FEEL

THE BEST PART OF MY DAY WAS

____

____

____

____

____

____

____

____

THIS PERSON BROUGHT ME JOY TODAY:

____

DRAW ABOUT IT

DATE: S M T W TH F S __ / __ / __

TODAY I AM GRATEFUL FOR

____

____

____

I FEEL

THE BEST PART OF MY DAY WAS

THIS PERSON BROUGHT ME JOY TODAY:

DRAW ABOUT IT

DATE: S   M   T   W   TH   F   S   __ / __ /__

TODAY I AM GRATEFUL FOR

____

____

____

I FEEL

THE BEST PART OF MY DAY WAS

____

____

____

____

____

____

____

____

____

THIS PERSON BROUGHT ME JOY TODAY:

____

DRAW ABOUT IT

DATE: S M T W TH F S __ / __ / __

TODAY I AM GRATEFUL FOR

I FEEL

THE BEST PART OF MY DAY WAS

THIS PERSON BROUGHT ME JOY TODAY:

DRAW ABOUT IT
DRAW ABOUT IT

DATE: S M T W TH F S   __ / __ / __

TODAY I AM GRATEFUL FOR

____

____

____

I FEEL

THE BEST PART OF MY DAY WAS

THIS PERSON BROUGHT ME JOY TODAY:

DRAW ABOUT IT

DATE: S M T W TH F S __ / __ /__

TODAY I AM GRATEFUL FOR

I FEEL

THE BEST PART OF MY DAY WAS

THIS PERSON BROUGHT ME JOY TODAY:

DRAW ABOUT IT

DATE: S M T W TH F S __ / __ / __

TODAY I AM GRATEFUL FOR

____

____

____

I FEEL

THE BEST PART OF MY DAY WAS

____

____

____

____

____

____

____

____

THIS PERSON BROUGHT ME JOY TODAY:

____

DRAW ABOUT IT

DATE: S M T W TH F S __ / __ /__

TODAY I AM GRATEFUL FOR

____

____

____

I FEEL

THE BEST PART OF MY DAY WAS

____

____

____

____

____

____

____

____

THIS PERSON BROUGHT ME JOY TODAY:

____

DRAW ABOUT IT

DATE: S M T W TH F S ___ / ___ / ___

TODAY I AM GRATEFUL FOR

____

____

____

I FEEL

THE BEST PART OF MY DAY WAS

____

____

____

____

____

____

____

____

____

THIS PERSON BROUGHT ME JOY TODAY:

____

DRAW ABOUT IT

DATE: S M T W TH F S   __ / __ / __

TODAY I AM GRATEFUL FOR

____

____

____

I FEEL

THE BEST PART OF MY DAY WAS

____

____

____

____

____

____

____

____

THIS PERSON BROUGHT ME JOY TODAY:

____

DRAW ABOUT IT

DATE: S M T W TH F S __ / __ / __

TODAY I AM GRATEFUL FOR

I FEEL

THE BEST PART OF MY DAY WAS

THIS PERSON BROUGHT ME JOY TODAY:

DRAW ABOUT IT

DATE: S M T W TH F S ___/___/___

TODAY I AM GRATEFUL FOR

____

____

____

I FEEL

THE BEST PART OF MY DAY WAS

____

____

____

____

____

____

____

____

THIS PERSON BROUGHT ME JOY TODAY:

____

DRAW ABOUT IT

DATE: S M T W TH F S __ / __ / __

TODAY I AM GRATEFUL FOR

____

____

____

I FEEL

THE BEST PART OF MY DAY WAS

____

____

____

____

____

____

____

____

THIS PERSON BROUGHT ME JOY TODAY:

____

DRAW ABOUT IT

DATE: S M T W TH F S __/__/__

TODAY I AM GRATEFUL FOR

____

____

____

I FEEL

THE BEST PART OF MY DAY WAS

____

____

____

____

____

____

____

____

____

THIS PERSON BROUGHT ME JOY TODAY:

____

DRAW ABOUT IT